JN439713

한 새 빛 시집

한국작가 작품선 · 136

새벽날개

한 새 빛 제6시집

초판 1쇄 인쇄 · 2022년 8월 25일
초판 1쇄 발행 · 2022년 9월 01일

지은이 · 한 새 빛
발행인 · 윤 영 희
주 간 · 이 현 실

발행처 · 도서출판 동행
출판등록 · 제2-4991호
주 소 · 서울시 중구 을지로 14길 16-11(2층)
전 화 · 02-338-2734, 2285-0711
팩 스 · 02-338-2722

값 10,000원
ISBN 979-11-5988-030-8

한국작가 작품선 · 136

새벽 날개

한 새 빛 시집

동행

머리글

여름이 무르익었습니다.

더위에 한창 지쳐갈 이맘때이지만 달력의 입추라는 글자는 긍정적 에너지를 불러일으킵니다. 그래서 가을쯤에나 발간하려 했던 제6시집을 상재하기 위해 부지런을 떨었습니다.

나뭇잎이 반짝입니다.

늘 그 자리에 있기에 존재가치가 빛나는 나무는 마음의 눈으로 바라보면 인생과 꽤 닮아 있습니다. 그래서 나무를 소재로 한 시를 자주 쓰게 됩니다. 시나브로 자연의 법칙을 따라 옷을 갈아입는 나무는 자신의 영토에서 시간을 길러내며 성숙해 갑니다.

이번에는 특별히 그동안 『한국작가』에 기고했던 '나무'라는 테마시가 꽤 많이 모여 함께 묶습니다.

끝으로 「새벽날개」를 치며 바다 끝에 거주할지라도 오른손으로 나를 붙들어 주시는 하나님과 삶을 지탱할 수 있도록 버팀목이 되는 사랑하는 이들과 시집을 낼 때마다 격려와 힘이 되어 주시는 존경하는 김건중 선생님께 감사드립니다.

2022년 늦여름 저자 **한새빛**

타고난 감성

김 건 중(소설가 · 한국작가협회 회장)

지성만으로 시를 창작할 수는 없다. 아니, 지성에 앞서 감성이 있어야 가능하다는 생각이다. 당연한 말을 서두에 꺼내는 것은 그만큼 시는 감성의 중요성을 강조하고 싶기 때문이다.

어느새 여섯 번째 시집을 내놓은 한새빛 시인의 창작 열정은 감성에서 비롯된 성싶다. 그리고 한나 아렌트가 소크라테스의 고독을 보았다고 한 것처럼 필자 또한 한새빛 시인의 고독을 보았기 때문에 그 고독과 감성이 어우러져 농밀한 앙금이 되어 시를 창출한다고 생각된다.

한새빛 시인은 꽃꽂이로는 사범의 수준이고, 그림은 유화를 다룰 줄 알며 음악은 피아노와 첼로를 연주하는 예능 방면에 타고난 재능을 지닌 시인이다. 이것은 천부적으로 지니고 있는 감성이 있기 때문이다. 그런 감성이 문학과 만나니 시를 쓴다는 것은 당연히 자연스러운 행위인지도 모른다.

한새빛 시인의 시를 살펴보면 형식적으로는 많은 내용이 함축된 언어로 표출되어 있어 시 속의 의미를 지나치기 쉽다. 그러나 면밀히 음미하듯 들여다보면 스펀지가 물을 머금고 있듯이 많은 내용들이 응축되어 있다. 그 응축된 내용 속엔 인간에 대한 사랑과 아픔과 아름다움, 그리고 스멀스멀 드러나는 고독이 자리하고 있다. 이런 은유로 형상화된 연작시 〈나무〉의 시들이 깊은 뜻의 메타포를 지닌 채 몸부림치고 있음을 발견하면 한새빛 시인이 감내하고 있는 세상살이와 깊은 신앙심에서 우러난 시임을 느끼게 된다.

시라는 짧은 언어형식을 통해 이토록 많은 우리네 삶을 이야기하고 고독이 주는 아픔을 그려낼 수 있을까 하는 생각을 갖게 한다. 이런 것들이 한새빛 시인이 지니고 있는 시의 힘이자 특유의 감성이다.

늘 연약하고 공주 같은 외형을 지닌 한새빛 시인도 세월따라 흐르다 보니 이제 황혼의 들녘에 접어들어 인생을 회고하고 지난 삶을 성찰하며 모든 걸 아름답게 바라보는 시점에 서 있다.

이런 관점에서 볼 때 이번 상재되는 여섯 번째 시집의 시들은 인생의 성숙함을 보이듯이 잘 숙성된 시가 아닐 수 없다.

이제 한새빛 시인이 꿈꾸어 왔던 이 세상의 아름다움과 자유와 사랑이 본 시집과 함께 활짝 피어나길 기원하고 더불어 시집 출간을 진심으로 축하드린다.

2022. 여름

CONTENTS

CONTENTS

3 빛과 그림자

CONTENTS

5 새벽날개

제1부 시간을 길러내며

시간을 길러내며

지난 여름
무성한 잎들로
가려졌던 줄기엔
칼바람에 긁힌 삶의 흔적이
새겨져 있었다

아직
휑한 가지 사이로
회초리 소리를 내지만
바람이 잦아들고 곧
움이 트면
순식간에 꽃이 피겠지

잎이 나고
그리고 또 빽빽하게
잎들이 들어차는 일을 겪고 나면
비워내는 일들이
얼마나 거룩한 의식인지
알게 되겠지
버리지 않고는
새롭게 채울 수 없다는 걸

정수리를 태우고 난 뒤

저녁 햇살에
반짝이는 잎이
눈물겹도록 예쁘다
아직은 고운 빛을 하고
매달려 있지만
찬바람 불면
떨어질 것이란 걸 안다

정수리를 태우던
한낮의 열기도
가슴을 헤집으려
오가던 새들도
한때일 것임을 안다

그리고
혹독한 계절을 버티고 나면
가래톳 서도록 디딘 자리에서
맑은 수액이 펌프질 될 테고
따사로운 햇빛 아래서
반짝이는 미소가
돋아날 것임을 안다

휘청거려도

창문을 후려치는 소리에
잠이 깼다

다행이다
비가 무섭게 내리지만
아무 것도 아닌
이까짓 비

봄 내내
먼지로 가득하고
가물었지만
기어이 꽃을 피우고 있었는데,

눈시울에 아른거리는
시커먼 산과 마을

비바람이
가지를 뒤흔들고 있지만,
비 없는 바람이
몰고 가는 퇴락을
염두에 두고
작은 숨을 쉰다

봄을 부르다

모두 다 내려놓고
초라해진 몸뚱이

곱디곱다고
탄성 지르던 이들도
붙어살던 겨우살이도
낯빛 달라졌는데,
푸르게 빛나던 날을
자랑하지도
머물러 있지도
그렇다고 지금 모습에
처량해지지도 말자
현실을 정면으로 받아들이자
살을 에는 혹독한 시간도
그리 길지 않을 터

언 땅 위에서
간격을 두고 선 나무
뜨거운 심장으로 땅을 녹여
연리지 되는 꿈을 꾸고,
하늘 향해 손짓하며
봄을 부른다

봄을 기다리며

아름다운 걸 꿈꾸는 건
슬픈 현실

웃음을 잃었다
밤이 지나면 아침이 온다는
진리를 모르는 거다

꿈꾸면서도
꿈꾸지 않는 사람처럼
불행해 하며
두려워하며
막연한 꿈을 꾸었다
혹한이 지나면
따사로움이 도래할 거라고

죽을 만큼 고독하고 힘들 때
빈가지에 다시 잎이 돋는
부활을 느낀다면,
무딘 가슴이 고동치고
미동 없는 얼굴에서
미소가 절로 나온다면,
기쁨의 눈물이 흘러내린다면
얼마나 좋을까

목마른 한낮

가지에 깃들었던
새들보다
머릿속에 틀고 앉은
많은 바램들
하지만 늘,
생각뿐이다

언제부터일까
길들여져 있는 삶
행복하지 않은 편안함은
불편한 행복을 주저하게 하고,
그저, 서있는 자리에서
벗어나지 않아야
삶을 지탱해줄 것 같아,
메마른 땅이지만
약한 뿌리
가래톳 서도록 뻗고 있다

햇빛이
정수리를 태우려는데
닿지 않는 물줄기,
목숨 부지하려면

새들을 전부 날려 보내어
구멍을 낼 것,
철저히 고독할 것

바보나무

한결같이
그 자리에 서서,

비바람이 불어도
탈 없고
무난하게 보여
아무도 눈치 채지 못하고,
자신조차 길들여져
구부러지고 몸이 시려도
고통인 걸 깨닫지 못했었다

꿈을 가둔 채
침묵하며 참아온 아픔
벗어날 수 없는 굴레에 갇혀
옹이가 되고,

도려낸 옹이
관솔 타는 냄새로
겪어낸 고통의 깊이를 안다

쓰러지지 않는 나무

신종 코로나 바이러스가
창궐해
온 세상이 들썩인다
바삐 옮겨 다니며
식탐하는 사람들,
어이없이 해를 입었어도
어디를 가도 환영 받지 못해
갈 길을 잃은 사람들,

먹지 않아야 할 것을 먹는
욕심의 결과에서
교훈을 얻는다
하늘이 내려 주는 대로 순응하는
뿌리 깊은 나무는,
가물어도 홍수가 나도
태풍이 불어도
끄떡없다

겨울을 이겨내다

나무는 매양
쉽게 자란 줄 알았는데
시련이 닥쳐와
지난 날 가졌던 모든 걸
걸 아프게 떨어내고,

잘 싸우는 것이 이기는 게 아니라
끝까지 살아남는 것이
이기는 것이라며
추위에도 쓰러지지 않고
잘도 견뎌내고는
시집간 딸내미가 보여주던
태아사진을 달고 있다

그 동그란 씨눈
날이 갈수록 봉긋해지고,
꿈틀거리는 싹
아른거려
그치려 해도 그쳐지지 않는
함박웃음

살고 싶은 곳

그곳은
꽃씨도 뿌리고
상추 아욱 정도를 키울
작은 텃밭이 있고
시냇물이 흐르는
조용한 곳이라면 좋겠다

어쩌면
작은 꿈이지만 마음 뿐
틈만 나면
여기저기 홍보하는 영상들을
들여다본다

지금껏 살아온 흔적
아쉬워하지 않고
쫓아오는 세월을
탓하지 않고
남은 날들 초연히 살고픈데
나의 이니스프리섬
가고 싶은 그곳은
어디에 있을까

불면의 날들

피로가 몰려와도
쉬 잠들 수 없다

눈꺼풀이 내려와
소멸되는 시간이 아깝다
손 잡히는 일도 없는데
숙제를 두고 편안하지 않아
부릅뜬 눈으로
시간을 붙들어도 보고,
새벽마다 자명종 울리면
아직 만나지 못한
자신을 확인하려
무릎 꿇는다

아무 것도 할 수 없으면서
해야 한다는
강박관념에 사로잡혀

치매

희미하다
너를 기억해내는 일은,
어머니가 동생을 낳던 때만큼이나
아득한 일이다

지나온 날만큼 살아갈 기적은
일어나지 않겠지만,
기네스북에 오르도록 산대도
반추할 수 없는,

슬프거나 아름다웠던 기억들
점점 스러지고,
다만 느낌만이 마지막까지 남아,
그리움인지 뭔지
하던 말 되뇌며
매일 뜬 눈으로 아침을 만나겠다

생각하지 마

삶이 척박하다고
벗어나고 싶다고
흔들리지 마
안으로 흘린 눈물
삼키고 있어도
헛된 것은 아닐 터

시나브로
고목이 되어갈 것이라는
앞선 염려로
황폐해지지 마

아래로 뻗은
깊은 심지
위를 향한 반짝임,

앞서지도 뒤쳐지지도 말고
생각의 동굴에
갇혀있지도 말 것
인내의 끝에 오는
풍요로운 열매만을
기다릴 것

겨울나기 · 1

혹한이 오기 전
서둘러 준비해야 한다

백일 동안 꽃을 피우는
저 베롱나무도
키 낮은
연산홍도 철쭉도
이맘때면
짚으로 감싸 매는데,
나의 꽃나무는
미처 옷을 준비하지 못했다

추워질수록 불이 그리운
인생의 겨울,
뼛속까지 시리도록
찬바람을 맞는 외로움
이제 없었으면 좋겠다

겨울나기 · 2

낙엽 진 가지에 내린 눈은
지키지 못할
대선의 공약처럼 부푼 채
겨우내 들러붙어 있었다

그렇게 푸르더니
웬만한 동상군도
잘도 버텨내더니
차갑지만 부드러운
눈을 좋아한 게 화근이다
살을 에는 추위를
막지 못한 게 원흉이다

올겨울엔 부디
촉각에, 감성에 속지 말고
어떤 것에도 홀리지 말고
세상 모든 나무들이 살아남아
숲을 아름답게 했으면…

지난 겨울 죽은 나무에게
묵념을

한계

잎새들이 살랑이며
햇빛에 반짝일 때
그 속에서 우는
매미 소리는
지축을 흔든다

후끈하게 달아올랐던
열정도 식어가고
윤기 흐르던 모습도
이제 곧 푸석거리는
낙엽이 될 것을 안다

끌어올린 수액이
구석구석에 닿지 못해
고목이 되어가고 까닭에
그날이 그날인 하루다

하지만
수령이 수백 년 된다는
존재를 생각하면
다시 꿈꿀 수 있고
넘지 못할 선을 그을 수 없다

발등에 불

거의 그랬다
시간에 쫓겨야만
정신 차리는
미련퉁이었다

다시 또
어김없이 찾아온 계절은
삭풍을 불러들여,
남아있는 나뭇잎마저
떨어냈다

쥐꼬리만큼 남은
해거름,
급하면 해냈던
그 능력 발휘할 수 있을지
아니면,
화목땔감 되어
마지막으로 불타오르겠지

여름 벚나무

화사한 빛깔로
달빛에 살랑거리는,

나폴거리며
떨어져 나뒹구는,

경이로운 자태에
탄성질렀었다
하지만
짧은 봄꿈,
젊은 날의 초상이다

이제,
무성해진 잎새
달빛 화관을 쓰고
부드럽게 속삭여도
살갗을 어루만져도,
아무렇지 않고
산란하지 않은
무념의 시간

착각일까

쪽빛 하늘 점점이
양떼 노닐었는데
저물녘 난데없이
빗방울을 뿌린다
언뜻 예뻤는데
속내가 다른 여인이다

이슬이 내리도록
양을 세다가
선잠 들었는데
먹구름 속에서 허우적대다
천둥번개에 잠이 깼다

아름다운 건 없으니
꿈에서 깨어나라는
오싹한 경고였지만
끝내 버티고 있는 건,
그 조차 잃는다면
존재이유를 모르겠기에
가끔가다 꿈속에서
깊은 유영을 한다

호스피스병동 단상

환자와의 사이에
가로막힌 유리창,
만질 수도
목소리를 들을 수도 없어
휴대전화로
몇 마디,
묻는 것도 대답하는 것도
서로 괴로운 일이다

긴 여정의 삶
무언가를 이루려
아등바등 했던,
대단하게 여겼던
모든 게 무상하다
하지만
언제일지 모르는 그날에 앞서
썩어가며
괴여있는 건 무의미하다
흐르는 대로 가는 거다
깊숙이 숨어있는 소리

그것이 본연의 길,
그 흐름에
자신을 맡기는 거다

찬바람

잔뜩 여미고
따스한 곳을 향해 걷지만
어디까지 걸을 수 있을지
뼛속까지 시리다

지난 해 잘 보관해 둔
털목도리와 모자
이런 추위쯤이야
거뜬히 이겨낼 텐데
아무리 찾아도
눈에 띄지 않는다

거리엔 낙엽이 뒹굴고
집에선 하릴 없이
매인 몸이 뒹굴고,
언제쯤 이 바람이 지나갈지,

무덤덤하지만
친절한 속내로
인사를 건네는 이들에게
계속 웃어줄 수 있을지,
그게 궁금하다

오물

물을 내리기 전
잠시 서서 생각했다

잘 배설할 수 있어 감사하고
더럽게 여겼던 것이
신통하고 대견하다

입에서 나오는 것들
저주의 말,
거짓된 말,
탐욕스런 말,
구토하고 싶은 그것들보다
얼마나 깨끗한가

우울한 날의 깃발

널 바라만 보아도
행복했었다

엇박자로 박수치며
열광하던 그때,
하늘에서만 나부끼지 않고,
친구로 다가와
두건이 되고
어깨에 둘려지고
친근함이 되었었던
깃발,

먹구름이 끼고
비가 오는
오늘 같은 날에도
그저
고개 들면
바라볼 수 있는
너였으면

제2부 사랑의 중력

사랑의 중력 / 나무가 새에게
불타고 싶은 나무 / 사랑나무 / 숯덩이 나무
바람 부는 날의 독백
사랑의 진실 / 새 생명 / 팬데믹
부끄러운 대답 / 입술의 말 / 사랑 연습 / 고백
꿈 요양원 / 염원 / 그대의 꽃밭에서
그리움이 자라다 / 기쁜 삶을 위하여

사랑의 중력

너와 나는
숲속의 나무
적당한 거리를 두고
궤도를 이탈하지 않는
하늘의 별

나무가 새에게

가끔은 밉지만
네가 내게로 날아와 지저귀면
무딘 가슴이 설레

늘 그게 그거라고,
모양도 색깔도 없는 맹물이라고
나무라지 않기를,
한자리에서 꼼짝 않고
너만 바라보는 나를
의심치 않기를

너의 작은 움직임에
바람이 일어
하나의 나뭇잎을 흔들고
그 설렘은
또 다른 잎을 흔들어
춤추게 하지

태풍이 흔든다 해도
뿌리 뽑힐지언정 춤추는 걸 막지 못해
언제나 너만 그리워 해
나는 요동하지 않아

불타고 싶은 나무

숨 막히는 여름
함께 있는 것만으로도 좋아서
그늘을 내어주었었는데,
싸늘한 바람 불고
이파리 흩날리던 날부터
곁에는 아무도 없다

눈물 되어 떨어진 잎
슬픔 쌓인 거리에 구르고,
앙상한 몸뚱이엔
그리움이 옹이 박힌 채,
사랑을 위하여
불꽃 속에
온전히 타버려도 좋을
관솔을 만들며,
어서 오라고 어서 오라고
입이 부르트도록
휘파람 분다

사랑나무

봄을 기다리는 것보다
너를 기다린다

하얗게 벗겨진
자작나무 줄기에다
그렇게 쓰고 싶었지,
오래토록 변치 않아
팔만대장경의 일부를
새겨두었다는 나무에다가

비슷한 일상들이
반복될 때마다
목을 빼고,
자작나무의 의미가 그러하듯
너를 기다린다

숯덩이 나무

아주 타버리지는
않았나 보다
그렇게 끝날 줄 알았는데
아무도 모르게
물을 퍼 올리고는
꽃을 피웠다

길이 보이지 않는
절벽 앞에서도
조급히 절망하지 말라고,
끝날 때까지
끝난 것은 아니라고,
불에 탄 나무
속삭이며
넓은 어깨로 보듬는다

바람 부는 날의 독백

밤낮으로 생각해보아도
스쳐가는 작은 바람에도
일렁거리는
나란 존재,
홀로 고독과 싸울지라도
넘어지지 않는
강인한 생명이다
아프고 힘들어
비명을 지를지언정,
발길에 채여도
제 몸 부서지는 줄 모르는
돌덩이 보다 낫지 아니한가
뿌리내린 이 땅이
척박하다 투덜대지 않고,
살아야 하겠다고
심연의 샘물을
끌어올리는
꺾이지 않는 의지
기특하다

사랑의 진실

그늘과
놀이터가 되어주고
자신을 불사르도록
땔감으로 내어주는
조건 없는 사랑

그런 나무를
사랑하지 않을 수 있을까
그렇다 해도 이기적이다
그 아름다움과 풍성함은
그들의 몫

나무는 한낱
경치에 불과할 뿐,
가뭄과 혹한을
고독하게 견디어야만 하고,
평생 눕지도 못하는 숙명

새 생명

세월이 세월을 낳고
기른다

기억은 눈곱만큼도 없겠지만
요람에 누어
젖병을 물고 있었던
그 아기가 자라
자기의 아기를 먹이는
모습 바라보며 생각했다
나도 그러했을 텐데

꽃진 자리에
열매가 맺히는 이치
알고 있지만
기쁨 뒤에 오는 무상함에
야릇한 기분,
불현듯 어머니의 초상화가
눈에 들어왔다

팬데믹

무섭게 타오르는 산불이 아니라,
언 땅 녹이는 기쁜 소식 안고
전령사로 달려오는
봄꽃이었으면,

슬픔 딛고 일어나
새로운 날 꿈꾸며,
이전과는 달리
새로운 존재방식으로 살았으면,
헛된 꿈으로 달리던 길 멈추고
내면의 소리를 들었으면,

자신만을 위해 움키지 않고
이웃에게 나누는
그런 세상이었으면,
몸살 앓는 이 땅이
치유되었으면,

대유행인 역병보다
더 많이 더 빠르게
사랑이 그렇게 번졌으면

부끄러운 대답

어둠이 짙어갈수록
또렷해지는 달빛은
왜 사는지
내가 누구인지
흔들며 묻는다

사랑이 살아가는 이유라 했지만
제대로 된
뜨겁고 당당하고
자유로운 사랑을 해보았는지
동이 트도록 생각해도
모르겠다는 것이 답이다

치열한 것이
성정에 맞지 않아
이룬 것도
이룰 것도 없이
세월에 기대어
느긋하게 살아온 게
돌이켜보면
바보스러운 일이다

입술의 말

너는
많은 말로 위로하지만
내 귀에는
감동되지 않는 훈계,
내가 아플 때
내가 힘들어 할 때
들어줘만 줘
곁에 있어만 줘

사랑 연습

정 많은 사랑꾼,
타고난 성격일까
그럴 수도 있겠지

아기나 강아지를 보면
눈높이를 맞추고
들뜬 목소리로
감탄사를 연발하는 사람들,
분위기에 휩쓸려
합세해 보지만
과장된 자신이 머쓱해
오래 끌 수가 없다

마음을 간질이어
웃음 나게 하는
살가운 것도
연습하면 될까

타고난 맹물이라
표 나지 않겠지만
진정성 있는 정
저울에 올리면
후하게 기우는 모습이
보일는지

고백

살아있는 동안 분명히
아픔이고 그리움이겠지만
사랑한다면서도
내가 중심이었다

당치 않게도,
당신이 통증을 안고
자리보전하고 있어도
들락거릴 수 있어 좋았고
알아봐주는 것만으로도 행복했었다

떠나려는 날이 가까워지는데
마음 편히 보내려고
이별연습을 하면서
갸륵한 행세를 했지만
정작은 다 이기적인 몸부림이었다

겁이 난다
이제 와서 가지 말라고
매달릴 수도 없는데,
평생 들러리로 세워놓았던
당신이 떠나간 뒤
눈물 흘리는 사치를 누릴까 봐

꿈 요양원

손자 손녀 유모차에 태우고
물통까지 얹어
약수터 다니던 일,
즐겨 부르던 찬송이며
숨 쉬는 순간마다 그리워 한
기억의 조각들,

엄마 내가 누구야
어리광 떨면
내 딸
하고 잘도 대답하더니
오늘 대답은 며느리,
웃음 속에 습기 서리고
콧속이 간질거려 재채기를 했다

죽도 못 넘긴다했는데
딸내미 얼굴 보고
한 그릇 다 비워내고는
이름까지 얘기한다
하지만 속 썩였던 남편은
이름도 생각나지 않나보다
행복했던 일만 기억나나 보다

염원

어쩔 수 없는 현실에
몸을 맡긴 채
둥둥 떠내려 온 세월,
풀지 못한 숙제는
머릿속을 어지럽혀
삶이 짧아져 갈수록
가슴을 누르고,

존재하지 않고
부질없는 것이라고
단정 지으면
속 편할 텐데
손바닥으로
제 눈만 가리는 격

숨겨진 보물처럼
힘써 찾아내
애지중지 쓰다듬고,
잔잔한 미소로 간직하고픈
사랑

그대의 꽃밭에서

―결혼행진곡

꽃이 아름다운 건
보는 이의 마음이
아름다워섭니다

산과 골짜기가
함께 있음으로 해서
더욱 아름답듯이
그대와 나
더불어 빛남은 무엇입니까

그대
수줍게 핀
운명의 꽃 보았고,
꽃은 그대의
기름진 꽃밭에 심기었으니
그 사랑스러움으로
하늘과 땅에
기쁨이 가득합니다

이제, 나 그대의 꽃
그대를 위해 일생을 바칠 꽃
그대 곁에서 한껏

고운 꽃을 피울 것입니다

내 몸과 마음 전부를 드려도
다함없을 사랑이여,
나 그대에게 드리겠습니다
언제까지나
그대의 꽃밭에서 번성하겠습니다

그리움이 자라다

태풍의 눈 속에서
잠잠히 살았다
하지만 불 속에도 뛰어들
치기 어리던 그 무렵,
해맑은 얼굴 뒤에 숨어있는
습기 머금었던 싹이
그늘을 펼치는
큰 나무로 자라나고,

아무도 가르쳐주지 않아
시행착오를 하면서
가슴으로 키워낸 새는,
가지마다 즐거이 노닐다가
뒤도 돌아보지 않고 날아갔지만,
나이테만큼 굽어진 등걸에
아픈 만큼 옹이가 박혔어도
고목이 되고
산이 닳아 없어질지언정
다시 깃들기를 기다린다

기쁜 삶을 위하여

이 쓸쓸함은
홍역일까
젖은 날개를 퍼덕이며
달려오는 비바람 뒤엔
싱그런 꽃향기를 실은
쾌청한 날이 올 테지

삶의 구정물이 튀는
흐린 날에도
말없이 기다리면,
무서운 병도
시름없이 앓고 나면,
그날이 꼭 올 테지

제3부 빛과 그림자

빛과 그림자

고요함 속에
절규가
웃음 속에 울음이
즐거움과 고통이
부요와 빈곤이
동전의 양면으로 붙어있는
그것이 너의 모습이다

어느 것 하나 제대로
겉과 속이 같은 적 없는
이중적인 존재다
하지만 밤낮으로
간절히 바라기는
참다운 행복
오직 그것,
어둠이 사라지는 것

촛불

분신하는 아픔으로
어둠이 물러간다면,
사랑으로 가는 길이
이길 뿐이라면,
참을 수 없는 눈물
강으로 흘러도
하지 못할 게 어디 있으랴

나의 행복론은
환한 불빛 아래서 펼치는
철학책에 있지 않고,
존재가 닳아 사라질 때까지
기적에 반응하며
그대 곁에서
미소로 화답하는 것

빛

어둠 속에 감추면
아무도 모를
응어리진 아픔
하늘도 보이지 않는
절망의 땅에서
그저 스러질 줄만 알았는데

그대는
빽빽이 들어차
보이지도 않는 나뭇잎 사이를
용케도 뚫고 들어와,
뢴트겐 보다 더 선명히
숨긴 아픔을 알아내어
치료의 광선을 쬐고,
이내
파리했던 줄기에
새순이 나게 한다

가을

열대야에 지쳐
입을 다물지 못했는데
처서가 지나더니
늦더위도 물러섰다

드높은 하늘의
맑은 햇살 받고
알알이 여물고 있는
열매들에서
전역하고 돌아와
경례하던 오래전
아들의 얼굴,
제 몫을 다할
의젓해진 모습 보여
입가에 연신
미소가 머문다

빛의 향연을 위해

길은
사방으로 뚫려 있고
언제든지
출발해도 좋다고
신호한다

떠나고 싶지만
묶인 발,
꿈속의 여행만 했을 뿐

어둠에 갇혀
존재가 닳아 사라질 때까지
주위를 밝혔지만
자신의 정체성이
빛인 줄 몰랐던 삶

이제라도 떠난다면,
지루하게 지나온 길
뒤돌아보지 말고,
감상의 늪에 빠져
허우적거리지 말고,
자유롭게 떠나자
깃털처럼 가볍게

노모의 눈이 빛나다

어쩌면 평생 모노드라마를 했을지 모를
어머니의 마지막 무대는 침상이다

슬픈 노래로 대미를 장식하기보다
무대에 함께 서기로 했다
조각 추억이라도 떠오르게 하는
뻔한 대사로 연기하며
아직 막이 내려오지 않았음에 안도한다

어머니의 눈이 뜨였다
죽도 넘기지 못해 풀기 없지만,
주일 아침이면 단장하고 달려가던 경건한 반복
평생 하던 일이 생각난 것이다

교회를 향해 휠체어를 밀었다
엘리베이터가 없는 아담한 곳이었다
예배당으로 올라가는 계단 아래 서서
어머니를 들어 올리려고 내민 손,
눈시울에 천사의 손이 어른거리고
풍금소리 정겹던 꿈속의 예배당이 보였다

운동

좋다는 건 알아도
정말 귀찮은 일

피트니스 센터에 등록해
얼마 못 다니고
그만 둔 전력에
시작하기 꺼리던 것을
이젠 즐기게 됐다

친구와
공원에 핀 꽃구경도 하고
숲속에 난 오솔길에서
나무 이름도 맞춰가며
그저 편안히
담소하며 노니는 것,

거창하게 이름 붙여
애써 단련하지 않아도
걸을 수 있을 만큼만 걸으니
생기가 돈다

힘들었던 날은 가고

연신
속도를 늦추어
운전해야만 하는 날들,
대륙에서 불어온
먼지바람에
대낮에도 흐릿한데
무리지어 있는
꽃나무들 행렬이
화사한 등불이 되었다

갓길에
차를 붙여 세우고
문 열고 나가
나직한 목소리로
속삭여본다
하마터면
봄 내내 신음하며
뒹굴 뻔 했다고

보이지 않는 것 검색하기

갈망하고 탐닉하다가
헤어나기 힘든
습관성 중독에 빠져든다

한상 차린 맛있는 음식
정돈하고 꾸민 집
이런저런 행복한 모습 찍어
SNS에 올리면

살림도 잘하고
깨가 쏟아지게 산다며
찬사가 넘친다
그리고 그렇게 믿어본다

또 하나의 애착이 된
홀로 떠나는 꿈속 여행,
혼자 노는 것이 습관 되면
벗어나기 힘들까

몽유병

잃고 나서야
소중함을 깨닫는 건
진리
숨 쉬는 것도
평범한 일상도
감사한 일이다

다시 눈뜬 아침
익숙한 습관으로 시작한
일상의 수레바퀴 속에서
의미를 지어내고
살아 있음에 안도한다

하지만
진정한 감사를 모르고
웃음기 잃은 지 오래,
가지지 못했던
평안을 찾아 허우적대다
꿈속의 꿈에 빠지는,
자고나면
모두 잊어버리는,

둘러대기

흑백영화 시절
엄마 손잡고 극장에 가면
소리가 들릴 만큼
엄마는 흐느꼈다
왜 그렇게 우느냐고 물으면
매번 주인공이 가련해서라고 했다
그렇게 많이 울 거면
영화를 왜 보는지 의아했지만,
슬퍼도 재미있어서 일거라고 생각했다
어른이 되어서야 알았다
요즘은 그런 영화 없나 모르겠다

단풍

빛을 불러올
몸짓조차 힘겹지만
너로 인해
푸르렀던 지난날들
눈앞에 펼쳐지고,

나뭇잎 사이로
구름 한 점 없이
파란 하늘 일렁이는데
아름다울수록 눈물겨운 건
까닭모를 일이다

짧아지는 낮
찬바람이 어깨를 스쳐도
가야 할 그곳까지
내달려야 하기에
가쁜 숨 쉬며 선홍빛 피를 토한다

고함

아파도 내색하지 않는 걸 배웠다
소리 내면 시끄러울까 봐
그것이 배려인 줄 알고
억지로 참아내다가
길이 들어버린 거다

체념한 거다
아니, 포기하지 않은 거다
죽을 만큼 힘든 기다림이었지만
참아낸다는 것은
한 가지를 위한 비움이었고
고요한 외침이었다

그것이 병이었다
아무 데나 적용해서는 안 될
인내는 쓰고 그 결과가 달다는 말을
경전으로 알았던 게 잘못이었다

하지만 가슴에 묻어두면
낫기 힘든 병이 된다는 걸
깨달았을 땐 늦은 걸까
외마디라도 아픔이 사라진다면
땅이 진동하도록 소리 질러 볼 텐데

이명

듣지 않았으면 좋았을
그 말에
순간 비명을 질렀다

누구를 위한다는 명분도
현명치 못한 처사는
야유를 받기 마련인데
왜 전달한 것일까

머릿속을 유영하는
그 소리에
아직도 어지럽다

하지만
마음에 없는 소리를 했노라
손 내민 건
상처 입은 쪽

늙어가는 것

뭐가 그리 바쁜지
앞 뒤 옆 차
신호등 보느라
계절이 바뀌는 것도
흘려 보았었는데
장미넝쿨이며
담쟁이를 바라보아도
심드렁했는데

굽 낮은 신 신고
길 걸으며
흔들리는 나뭇가지
떨어지는 꽃잎만 보아도
시심의 깊은 샘물
길어 올리고,

요즘 들어 자주 듣는
젊어졌다는 얘기
그 보다 더 좋은 건
한결 여유로워 보인다는
그 말,
이제 무르익었다는 의미

사는 게 시답잖아

보이기 위해서 산다
젊어서는
바쁜 일정을 만들어
외국어 공부라든지
꽃꽂이와 그림
다양한 취미생활과
멋 내는 걸로
보여주었는데,

그도 이젠 시들해져
식탁 위의 메뉴나
집안 정돈이나
산책로에서 운동,
뒤늦게 열중하는
이런 일들에 대해
반응이 꽤 괜찮아서
사진 찍어 보여준다

정말은 여전히
시답잖은 일로 여기지만
근래 와서 나를
살림 꽤나 잘하고

멋있는 사람으로
여겨주는 이들이 있어
뭣도 모르면서
신이 나
죄다 보여준다

안부

어찌 지냈냐고 물으면
그날이 그날이라 말하지만,
일정을 물으면
새벽부터 밤까지의 일들
손가락 꼽으며 열거한다

재미있고 보람 있었겠네
수화기 건너의 응수에
할 말 생각나지 않아
얼버무리고 마는 통화

하루를 잘 지냈는지
무엇 때문에 바빠야 했는지
행복이 무엇인지
알 듯 모를 듯
노을에 얹어놓은 마음
그리움의 빛깔로 저문다

탄천에서

오랜 서울살이 끝에
이곳으로 옮겨와 한동안은
격한 감동으로 살았다

반질하게 집을 가꾸고
식탁 위에 잘 차려진 음식이며
시냇가 거닐다 꽃이며 학을 만나면
아이들과 친구들에게
사는 모습을 전송했다

하지만 오래지 않아
반찬 가짓수도 줄어가고
감동도 희미해지고,
연신 울려대던
SNS신호음도 줄어들었다
그리고, 보여 지지 않는 곳엔
버려야 할 것들이 쌓여만 갔다

제법 그럴싸한 그림이 아니라
편안한 곳으로 흐르고 싶은 마음 사진
오직 너에게만 전송한다

질투

어린나이에도
갓난아기 동생은
돌봐 줄 대상이라 생각했고
당연한 거라고 생각했겠지만,
막상 아기만 품어주는 엄마를 보면
심통이 나
시큰둥한 아이의 표정

아직도 기저귀를
온전히 떼지 못한 세 살배기를
나무랄 건 아닌 것이
계단만 보면 조심스러워지는
할머니도 매한가지,
태고 적
카인의 심성이
끊임없이 대물림되나 보다

지병 · 1

유난히 추위를 타
콧물과 눈물을 달고 산다
겨울의 무게를 벗는
봄이 좋다

농담에도 웃지 못하는 건
사탄이라고 하는 말 있던데
내가 그런가보다
사악한가 보다
다 비우고 깨끗해져야 하는데,

시인이라서 순수하다는 소리인지
순수해서 시인이라는 소리인지
아무튼 그렇다고 하던데,

웃긴 사람에 대한 배려이거나
감정도 없는 사람이 아닌 척
가짜웃음을 웃은 거다

해맑아 뵈는 웃음이
순수하지 않은 건 분명
문제다, 고쳐야 할 병이다

지병 · 2

기온이 떨어지는 밤이면
더욱 훌쩍였다
어지간히 감싸고
따뜻한 물을 마셔도
잠시 뿐,
휴지통이 가득하도록 닦아내도
눈물과 범벅 되어
세상 끝날 때까지
흘러내릴 기세다

나약함에 길들여진 삶
극복하지 못하는
구차한 변명일랑 말고,
그까짓 추위
뛰고 흔들어 열을 내면
줄행랑치겠지
겁이 나 수영장 물속에도
들어가지 못했었는데
팔딱거리며 헤쳐나가니
괜찮았잖아
두려움을 이기면
소망도 이루어져

안개 속을 걸어도

인기척 아니면
누가 있는지조차
분간할 수 없었던
봄 내내,
모두가 다 홀로 걸었다

그런데
기적이 일어났나 보다
황토냄새에 현기증이 나
반쯤 얼굴 가리고
숨 죽여 걸어야만 했던 거리
흐릿한 햇살 핥고 지나간 자리에
고개 내민 이파리들
꽃송이들

서로가 보이지 않던 그때에도
보이지 않는 힘은
산산이 부서지는 꽃잎들 사이로
여름을 향해 짙어가며
꿈을 불러들였다
더 이상 혼자가 아니었다

그대를 갈구하다

가로거치는
장벽의 미로에서
탈출구를 찾아 헤맨다
게다가 어디에서고 어둡다
빛이 있음으로 해서
어둠도 있으니
빛도 어둠도 탓하지 말고
차라리 눈감고
촉각으로
기억으로
더듬어 볼까

숨 가쁘게 찾아도
길의 끝은 막혀있고
어디로 나갈지
막막하기만 한데,
빛이 그대에게서 온다면
그대가 가까이 있다면,
내 위에서
빛을 비추고
이끌어주길

기쁨의 종
—결혼식 축시

사랑은 어디서나 빛난다
어둠 속에서도
길을 찾을 수 있을 만큼

이제껏 머물던 정든 곳을 떠나
그대를 만나려고 길을 나섰다
태어나 지금까지 고이 길러준
어머니 아버지의 슬하를 떠난 건
순전히 그대를 사랑하기에,
그대를 만나면
곁에 있고만 싶기에
하늘이 맺어준 인연이기에

웨딩마치가 울리고
그대와 함께 있는
이 시간 이 자리,
모두가 손뼉 치고
하늘도 축복해주는구나
울려라, 기쁨의 종이여
순결한 사랑
아름다운 사랑
우리의 미래를 위해
축복하여라
축복하여라

제4부 나무의 영토

나무의 영토 / 날마다 흔들리는 나무
멋진 숲을 꿈꾸다 / 잡목 / 가을나무
가끔은 쓰러지고 싶다 / 나무의 말 / 생명력
나무에게 / 그만 해 / 신록의 꿈 / 봄 같지 않은 봄
바람과 나무 / 눕고 싶은 나무 / 존재의 의미
단풍을 벗다 / 변덕쟁이
꿈꾸는 나무 / 플라타너스 / 숯 / 이방인

나무의 영토

토박이면서도
섞이지 못한 채
모양새만 함께다

우거진 숲을 노닐며
수다 떠는 직박구리며,
머리칼 흩날리며 춤추는
꽃나무의 자태
누구를 위한 것인지
무슨 의미인지

날이 새고 밤이 늦도록
삶의 방식
삶의 즐거움에 대하여
결론짓지 못하고
고독한 나무는 반격한다
뿌리 내린 이곳은
영원히 머무를 곳이 아니라고

날마다 흔들리는 나무

바람 불지 않는다고
흔들리지 않는 건 아니다
매양 똑 같다

어쩌면 바람이 세면 셀수록
뽑히지 않으려
더 단단히 더 깊숙이
뿌리를 뻗어,

힘들었던 노고의
눈물을 거두고
뽑혀나가지 않음에
안도하는 것일 터

구름 한 점 없고
바람 한 점 없는 날
가지에 앉은 새들이
부러워지면
잎사귀를 반짝이며
날갯짓을 한다

멋진 숲을 꿈꾸다

넝쿨로 감아
밤낮 놓지 않고 옥죈
형벌일지 모르는 일체감

그렇게 하나이면
죄다 아는 걸까
죄다 알면 좋은 걸까

풀벌레 소리
청량한 바람을 느끼며
어쩌면 제각기
거리를 두고 서있음이
혼자이면서 함께인 것

잡목

저쪽 따뜻한 곳에
온갖 식물들이 곱게 어울려 있다
나비가 날아다니는 모습도 보이고
환한 얼굴들이 보인다

온실을 향해 서있는
이쪽의 등 굽은 나무
바람 불 때마다 서걱거려
착각을 불러일으키지만
그리 불행해 보이지는 않는다

별 것 아니지 않나
쓸 데 없는 감성의 유희로
가끔 저 유리벽 안을
들여다보긴 하지만
비바람이 휘몰아쳐도
잘 버티니
그만하면 됐다
행복이라는 의미 몰라도

가을나무

지금이 좋다

붉은 얼굴이거나
누렇게 뜬 모습이거나
병들어 죽어간다고 해도
다 떨어낼 수 있어서 좋다

이제
떠날 준비를 하며
가슴에 일렁이는 파도
잔잔해져,
억지 쓰지 않고
서툰 일도 저지르지 않고
순리를 따르는,

지금이
난 좋다

가끔은 쓰러지고 싶다

의연한 척해도
어쩔 수 없다

이건 아니다
모범 답안지로 답하며
미동하지 않으려 했지만
바람의 아우성에
휘청거렸었다

나무가 뿌리 채 흔들려
아팠다는 걸
바람은 알기나 할까
알아차리고 우쭐거렸을까
아마도 그리 못했을 터

허리케인이 아니라
장맛비조차 버티기 힘든데,
그럴싸한 허울에
아무도 눈치 채지 못했을 터

나무의 말
—역병의 종식을 기원하며

산이 베푼
너그러운 선물이 있음에도
숲을 헤치고
금단의 것들을 침범한
인간들

화난 그들은
인간세계에 뛰어들었다
벌집 건드리면
쏘인다는 건
자명한 일

투명 옷을 입은
그들의 보복에 숨어 떨며,
꽃이 우거진 길조차
마음대로 거닐 수 없음에
한숨짓는 날들,
평범한 일상이 그립다

자연의 소리에 귀 기울이고
하찮은 것들도 귀히 여겼더라면,
수없는 암시를 들을 수 있었을 터

생명력

누가 몰래
매일 씨를 뿌리는지
수없이 뽑아내도
점령해가는 그들의 영토

꽃이 피는지 지는지
씨가 여무는지
관심 밖에 있지만
귀하신 화초보다
과실나무보다
더 씩씩하게 자라는 들풀

손길이 닿은 식물에
눈길이 가지만
별스럽지 않게 대했던 그것들이
저리도 생기 있는 까닭,
잡초의 정체성을
생각해 본다

나무에게

그늘 아래서
노래하며
호사스레 지내다가
때가 되면 날아가 버리는
철없는 새의 지저귐을
그리워하지 않기

미세하여
느낄 수 없는 숨결로
곁에서 지켰던
투명한
생명지기를
생각해보기

맘 소란하고
흔들린다는 건
기뻐해야 할 일
그러면서 크는 거다
한 가지 부탁은
참을성 있게
깊게
뿌리 뻗기

그만 해
—앉은뱅이 나무에게

생각으론 세계여행도 하고
온갖 계획을 세우지만
그렇게 앉아만 있고,
너는 늘 꿈만 꾼다

가녀린 몸짓
소리 없는 울음
엷은 미소가
아름다운 정경일까

가면이다
폭풍이 불면
마구 흔들며 울고,
산들바람이 귓불을 간질이면
소리 내어 웃어야 한다

어디서부터 잘못되었을까
무엇이 너를 앉은뱅이로 만들었을까

신록의 꿈

주변에 있었지만
윤곽과 선만
눈에 들어왔었는데,
어느샌가
무심히 지나가던
자리에 서서
초록으로 일렁이는
낯빛만 보고도
그 마음 알아챘다

예민하게 반짝이며
햇빛 쪽으로 기우는 건
풀과 나무뿐만 아니다
하늘을 품고파
헐렁해진 마음도
시나브로 채워지며
기울어져 간다

봄 같지 않은 봄

창궐한 역병이
삶의 양상을 바꾸어 놓았다

강풍으로 날아다닌 불꽃이
산과 들을 숯검댕이로 바꿔놓은
지난봄보다
더욱 침통한 올봄

죽은 줄만 알았던
나무 그루터기에서
싹이 돋고 가지가 뻗던
자연의 소생을
인간에게서도 찾을 수 있을지,
욕심을 버리지 않는 한
계속 반복될 것이라는 우려

이제
내면의 소리에 귀 기울이며
새로운 방식으로
살아야 할 때다

바람과 나무

뇌리를 스치며
쭈뼛 서게 하던 건
매서운 바람만이 아니었다

흔들림이었다
사소한 감정과
서로의 다름에 갈등하며
형언할 수 없이
따뜻했던 날들을 잊고,
처음부터 잘못된 선택이 아니었을까
의심쩍어 하면서
무한했던 신뢰서껀 모든 게
무너지는 것이었다

하지만
참을성 있는 산들바람,
변함없이 사랑한다는
고백 한마디로
왜곡된 얼음장 녹여내고,
봄날 아침
물오른 버들
낭창거리며 웃게 한다

눕고 싶은 나무

음유시인이라 불린다는
포크가수 밥 딜런
노벨문학상에 선정되었다고
항간에서 말들이 많지만
어쨌든 인기인이다

우리네
글을 쓰는 사람은
뿌리깊이 고독한 나무,

끌어올린 샘물로
결실하기까지
바람이 불어도 흔들릴 뿐,
그 자리에서 서서
죽을 때까지
인고해야 하는 숙명,
벅차게 매달고 있는 열매
단 몇 개라도
누군가에게 내어줄 수 있다면…

존재의 의미

눈물 흘리는 걸 보인적도
크게 웃는 걸 보인적도 없는
어쩌면
무미건조한 존재였지만,

바람 불어도
햇볕이 뜨거워도
차디찬 눈덩이가 짓눌러도
말없이 견디어 온 날들,
용케도 잘 자라
그 자태를 그 쓸모를
알아주는 이 있어
미소지었었다

몹쓸 태풍에
가지 꺾이고
뿌리 드러나 쓰러진 지금
땔감으로 던져질까 두려우면서도
다시 옥토에 심겨진다면
크게 웃을 수 있을 거라며,
소리 없이 우는 나무

단풍을 벗다

너를 보내려 하니
신열이 나고
열꽃이 핀다

아프니 더 예쁘다며
너는 내게
호들갑떨지만
이제 화장을 지우고
치장한 것들을
벗어버릴 때가 왔다

겉보기엔 그럴싸하지만
단지 껍데기에 불과할 뿐
화려함에 감탄하지 말고
병든 날 위해 울어 다오

사랑한다는 것이 너를 묶는
사슬이 된다는 아픔, 가거라
너도 벗으련다
시린 날들이 지나가고
온 몸에 눈이 움트면
푸른 그리움으로 오라

변덕쟁이

그래, 넌
날씨였어
그 버릇 고칠 수 없어

고운 자태로
정신을 혼미케 하다가
무슨 심통인지
뾰루퉁
시베리아 찬바람이 불지

그렇게 쌀쌀맞다가도
어느새 달라져 있는
널 보면서
다시 또 봄이 왔다는 걸 느껴

그래도 난
그렇게 변덕스러운 널
미워할 수가 없어
운명인가 봐

꿈꾸는 나무

꿈이 아닌 줄 알았다
내가 경험했던 아이와
너무도 달라
연신 감탄하면서
아이에게 물었다
그동안 알아듣기는 했어?
그런데도 말을 안 하고 있었던 거야?
아이는 그렇다고 말했다

아이는 여태껏
말을 못 했었고,
갑자기 말을 시작했다
말문을 트기 시작한 정도가 아니라
제 나이 또래의 수준을 넘어선
달변이었다
이런 아이가 왜
말을 그토록 아꼈던 것일까
이런 기적도 있구나
감동이었는데…

현실과 완전히 뒤바뀐
꿈속의 일처럼
나도
날아다닐 수 있을까

플라타너스

잠 못 이루는 밤
창문을 열면,
저만치
자동차전용 도로변에서
불침번을 서고 있는 너

한때는 커다란 잎사귀로
빛났었지만
이젠 스쳐지나가는 기척에도
놀라 떨어지는
버짐 피고 비틀어진
환자의 모습이다

뭔지 모를 애수로
사각거리지만
나는 다가갈 수 없고,
짓무르도록 흐르던
눈물조차 메말랐는데,
손닿을 수 없는 거리 이만치서
아직도 연민하여
너를 바라보고 있다

숯

여름 내내
불잉걸이 되어
가슴 태우던
너란 존재
날마다 물 끼얹어도
아프게 하더니
폭풍우에 휩쓸려
자취 사라졌는데,

끈질기게 버텨낸 가지엔
무성하게 피운 이야기
붉게 물들었다
하지만 그건
다시 불타기 위해
온전히 태우라는,
남김없이 버리라는
예고

이방인

함께 있어도 외롭고
떠나면 죽을 것 같아
뿌리를 깊게 뻗어
물기 찾지만
서 있는 것조차 힘겹고
나이테만 늘어가는
앉은뱅이

메마름에 목말라
하늘 향한 염원으로
어깨를 들썩이며 흐느낌이
혹자들의 눈에
웃는 모습 닮았다 하니
햇빛 받아 반짝이며
그렇게 살아야겠다

제5부 새벽날개

새벽날개

동트기 전
어둠의 장막 너머
영롱하게 빛나는 그대를
만나기 위해,
머뭇거리지 않고
달려나간다

수평선 아래 눌러놓은
부질없는 꿈
슬프도록 아름다운 그리움이
불덩이로 솟아올라
눈물을 증발시키는데
감히 소리조차 낼 수 없어

서산에 걸린
저녁노을 스러질 때
갈 곳 몰라
서성이지 않기 위해,
누구도 대신할 수 없는 그대만을
바라보기 위해,
새벽마다 속으로 되뇌는
기도

불러내다

의미 찾아
이름 짓고는
태초에 아담이 그랬듯
흐뭇했다

환한 얼굴로
그 이름 부르면,
숨어 있다가도 어디선가
아름다운 모습으로
달려 나오고,

부르고 대답하면서
서로에게
기쁨이 되고,
귀한 존재임을 깨닫는다

마음 속 깊은 곳에
숨어있는 소중한 것들은
사랑이란 마중물이
불러낸다

나무, 하늘을 날다

길기만 했던 날들을
언 땅에 못 박혀 서서
밤새 울다가
곧 괜찮아질 거라는
한 마디에
가망 없던 심장이
펌프질하고,
푸른 피가 돈다

그 말씀은
빛의 에너지 불러 모아
발돋움하게 하고
푸른 머리카락 날리며
비상하는 꿈,
여러 해 동안
뿌리 언저리에서
탈피를 준비한
굼벵이에게 배운다

날 수 있다는 건
신나는 일,
꿈꾸는 건 이력이 났으니
깨어나지 않으면
될 일이다

새 길

가슴에 품은 꿈
다 버리고
이젠 몸도 마음도
지쳐버렸는가 했는데
가물거리며 보이는,

헤매며
막다른 곳에 가보지 않고서는
도무지 알 수 없는,

한곳에 머물러
길들여진 집고양이로 산다면
알 수 없는,

아름다운 숲
나만의 오솔길로
자꾸 들어가고 싶다
거기서 안식하고 싶다

어떤 기도

당신은
말없이 탄식하는 나를
이끌어 줍니다
그래서 여지껏
쓰러지지 않았겠지요

어느새 저물녘
긴 그림자 위에 서서
서성이는데,
무얼 원하는지조차
알 수 없는 기원,
당신은
맑은 햇살 흐르는 저편으로
안내합니다

그러면 이제
대답해 주실 때가 되었습니다
부디 보여주십시오

존재의 이유

깨어나고 싶지 않지만
눈을 뜨는
한 가지 이유

인간을 창조하고
보시기에 아름다웠더라 하는
말씀 읽으면
우주에서 티끌 하나도
안 되는 내가
무엇을 해낼 수 있는지
생각할수록 초라해지지고,
언젠가는
최초의 순수로
돌아가야 한다는
강박관념

늘 그 모양이면서도
날마다 꼭두새벽
하루를 연다

위대한 손을 뻗어

잡아 주시길

주리지 않고
목마르지 않은
비옥한 땅을 그리지만
서있는 곳은
바위산의 벼랑 끝,
훈풍 불어도 여전히
바람은 위태로워

습기 찾아 간신히
지탱하고 있으니
쓰러지지 않도록
붙들어주시길

마른 가지에 움트고
꽃이 피는 그날까지
품어 주시길

보이지 않는 것을 위하여

알면서도
그 무거운 것들을
내려놓을 수가 없다

유목민의 꿈인 저 편
푸른 초장으로 떠나려면
사치한 것들은 죄다
거추장스러울 뿐인데

사랑하는 이가 부를
정다운 이름과
최소한의 것만 갖고,
학벌이며 명예며 돈조차
짐 될 만큼은 갖지 말고
수더분하게 살아야 한다는,

맑은 머리로 생각해보면
확실한 답이 나오는데

달리는 꿈

바다 끝에 펼쳐진
새벽날개 들추고
그 속에 숨어들어
편안히 쉬고 싶은데
발을 뗄 수가 없다

새벽마다
샘물을 끌어올려
목을 축이고
상쾌한 날을 맞이하지만
가끔은
눈뜨고 싶지 않은
부끄러운 아침이 있어
하늘을 향해 뻗으려는
꿈조차 송구하다

목숨까지 걸지 않으면
뿌리째 옮겨
도달할 수 없는
피안의 언덕,
그곳은 사철 푸르고
꽃들이 무성하겠지

등

새벽 강가로 나간다

섬광으로 번쩍이며
안개 뚫고 달려오는 님을
무릎 꿇고 맞이하는 시간

심지 돋궈 불 붙인다

미미한 빛들은
안개 속에 스며들어
빛이 가득할 시간에도
더듬는 사람들

박차고 일어나
죽음보다 강한
유혹의 잔 버리고
등을 높이 들어
어두운 낮을 밝혀야 한다

나의 기도

습관이 되어버린
매일 똑같은 말

그런 기도는 응답하지 않는다고
중언부언하지 말라지만
이기심으로 구하면 안 된다지만,

새벽마다 되뇌며
제발 용서하시고
다른 건 몰라도
한 가지만은
꼭 갖겠노라
구하고 또 구했다
구하라며요
두들기라며요

아무 대답이 없다
무응답도 응답일까

저편 언덕

기억이 사라진다 해도
언제나 생생히 남아 있을 것은
언덕사이로
별들을 쏟아놓은 시냇물,
향기로운 나무들이 반기는
그대와 함께
꿈꾸던 낙원이다

늦기 전에
잊어버리기 전에
오래토록 기억에 남도록
햇살 흐르는 곳
아름드리나무에
해먹을 매달고
날마다 고운 꿈을 꾸어야지

레미제라블
—Les Misérables

사랑,
숭고한 의미지요
하지만 특별한 것이 아닙니다

가련한 사람에게
조건 없이
주는 것이지요

헤어날 수 없는 수렁
배고픔과 가난
갈등하는 현실에서
더 이상 비참해지지 않도록
손을 내미는 것입니다

긍휼히 여기는 이는
긍휼히 여김을 받습니다

사랑, 그것은
은접시 훔친 불쌍한 이에게
벌을 주는 대신, 기꺼이
은촛대까지
얹어 주는 것입니다

모든 벽을 넘어서
어떻게 진실해지는지
사랑을 어떻게 이루어 가는지
우리는 이제 압니다

카페 '레미제라블'

—Cafe 'Les Misérables'

산책길에 나서면
언제든 좋다
안개 낀 아침이거나
햇살 좋은 한낮이거나
노을 비낀 저물녘이거나

숨 막히게 화사한
벚꽃이 아니어도
단풍든 나뭇잎이며 갈대가
춤추지 않아도 좋다

공중에서 날던 까치
총총 돌다리를 건너고
잉어 떼 노니는
탄천 시냇가 걷다 보면
그윽한 향기가 난다

숲 향기일까 커피향일까
우거진 숲 마루공원에서
발길 멈춰지면
혼자여도 여럿이어도
조우할 수 있는

삶의 쉼표를 만난다

수고하고 짐 진 자들을
사랑하는 이곳은
맑은 물이 솟아나
고단한 삶을 세탁하는
기쁨의 샘이다

하루를 긷다

큰언니 뻘 혹은
엄마뻘 되는
사람들 만나
상추며 볶은 견과류
심지어 맛있는 된장이라며
정을 퍼주는
우물가

긴 그림자 닳도록
늦장 부릴 땐
외톨박이였는데,
시나브로 변하여
배부른 이야기꽃
아픔마저 함께 나누는
새벽 두레

꿈밖의 외출

잠이 일찍 깼다
일찍 눈뜨면
여유시간 있어 좋기는 한데
억지로 깨는 것 말고
눈뜨는 것이 반가웠으면

지난밤 꿈엔 접시에
색색으로 담겨진 음식이
눈앞에 있었는데
알람소리에
그림의 떡이 되고 말았지만,
낮에도 꾸는 꿈속에선
체면 차릴 것도 없고
가고 싶은 곳엘 가거나
무엇이든
마음껏 할 수 있다

눈 뜨지 싫지 않은데,
허무하게 산 것이 아까워
시간을 맞추어 놓고
날마다 일찍 눈을 뜬다

물가에 심긴 나무

물 위에 어리어
산들거리던 제 모습에
꽤나 자부심이 있었다
곧게 자라나
제철이면 어김없이
향기로운 꽃 피우고
열매를 맺었으니

태풍이 쓸고 간 후엔
사정이 달라졌다
뿌리까지 드러내고
비스듬히 쓰러져
흙탕물로 얼룩졌으니

하지만 다시
꿈꿀 수 있는 건,
문제에 초점을 맞추지 않고
하늘을 향한 시선,
슬픔 잊도록
내밀어 준 손길,
보이지 않아도 흐르는
샘물 있으니

너는

소싯적부터
소심해서
제 자랑 모르고,
언제나 변함없이
베풀 줄만 아는
고운 마음인데,
되레
바람의 거친 소리를
네 탓으로 오해했지

하지만 너는,
말없이 곁에서
있어만 줘도
커다란 위안,
자상한 그 눈길로
등을 쓰다듬으면
네 가지 위에서 날개를 접고
눈 감고
안식할 수 있겠어

벗어나려고

도도히 흐르는 세월,
편승할 수 없음에
안으로부터 잠가 스스로 갇혀있는
네모난 상자에서
언젠가는 그날이 올 것이라고
막연한 기대를 하며
조류에 맡긴 채 눈을 감았다

변하지 않는 건 없다고들 하나
얼마나 흘렀을까
숨조차 쉬는지
미동하지 않았지만,
들려오는 천둥소리에
낭떠러지를 예감하며
일어나야 한다고
자리를 박차야 한다고
꿈틀거리기 시작했다

가슴으로 난 길로
걸음 떼는 연습을 하면서
드러누운 자리에서
잠금 쇠를 걷어냈다
이제,
일어나는 일이 급선무다

바람에 흔들려도

높바람[1)]
샛바람[2)] 지나가고,
따뜻한 기운에
물오른 여린 가지
기지개 펴는데,
들이닥친 높새바람에
뒤틀리는 아픔

그럴 적마다
품어주길,
당신의 날개 아래
숨어들면
그깟 시련쯤이야
금세 지나가고,
가까스로 피운
꽃에도 머잖아
열매가 맺히겠지

---

1) 높바람 :몹시 빠르고 기세있게 부는 바람

2) 샛비람: 뱃사람의 은어로 '동풍'을 이르는 말

복음의 신
—미와 목사님의 은퇴기념시

고향과 친척과 아비의 집을 떠나라는
주님의 말씀에 순종하여
낯설고 말도 서툴지만
아이러니 하게도
가깝지만 먼 나라 한국으로
일본의 복음화를 위해
일본을 떠나 왔습니다

신발 끈 질끈 맨
그 여정을 위해
좀처럼 마음을 열지 않는
한국주재 일본인에게
요리, 꽃꽂이, 바이올린 교실을 열어
마음으로 다가가
성경공부를 가르치고
세례를 주었습니다

이 땅에 와서 34년 동안
일본인 선교를 하면서
문화의 차이
소통의 문제로 생겼던 어려움을
이겨낼 수 있었던 것은

주님의 위로하심과 인도하심 때문이었고,
숫자로는 미약하지만
진실한 그리스도인을 길러냈다는 보람으로
수고가 헛되지 않았음을 압니다

이제 본국으로 돌아간
믿음의 사람들이 복음의 신을 신고
부모형제와 이웃들에게 다가가
하나님의 나라를 전파하기를
간절히 기도합니다

福音の靴

ー三輪牧師の隠退記念詩

故郷と親戚と父の家を出て行きなさい´ という
神様の御言葉に従って´
不慣れで言葉も下手ですが´
皮肉にも´
近くて遠い国 韓国へ
日本の福音化のために
日本を去ってやってきました°

靴紐を結んだ
その旅程のために
なかなか心を開かない
韓国駐在の日本人に
料理´ 生け花´ バイオリンの教室を開いて
心で近付いて
聖書の勉強を教え´
洗礼を授(さず)けました°

この地に来て34年の間´
日本人宣教をしながら
文化の違い´
疎通の問題で生じた困難を
乗り越えることができたのは

神様の慰めと導きの結果であり、
数字では微弱だが、
真実なキリスト教徒を育てたというやりがいで
苦労が無駄ではなかったことを知っています。

これから、本国に帰った信者たちが
福音の靴を履いて
親兄弟と隣人たちに近づき、
神の国を伝えることを
切にお祈りします。

CAFE CHURCH AVENUE의 사계

사랑하는 이여,
겨울의 긴 터널 지나
그리움으로 아릿한
봄날이 오면
기다릴게요

땀방울로 젖고 갈증 나
목마르지 않은 샘
사무치게 그립거든
부디 오세요, 교회 길로

황금 길 생각나 가슴 뛰는,
노랗게 물든
은행나무 잎 양탄자 위로
사뿐 사뿐 오시어요

흰 눈이 거리를 덮고
탄일종 울려 퍼질 때
주님이 부어주신 사랑의 기쁨
그리운 이여, 잔을 들어요
메리 크리스마스

내 안의 불

별 것 아닌 걸로
웃고 우는 사람들이
이상하다고 느낀 적이 있었다

어려서부터의 바램은
소박하게도
사랑뿐이었다
완전한 사랑은 있다고
노력하면 이룰 수 있는 것이라고
믿었었다
그게 얼마나 거창한 것이었는지,
이루지 못한 꿈을 대신해
한때 빠져들었던
취미도 친구도 그 어떤 것도
대단한 것이 아님을
이제는 안다

나를 지배하던
허무한 그리움 밀어내고
따뜻하게 감싸 안으며
조용히 타오르는 불꽃